Ce que j'aime
CHEZ TOI
Ma Maman
CHÉRIE

MARABOUT

Achevé d'imprimer en Chine par Toppan en janvier 2024
Pour le compte des éditions Hachette Livre (Marabout)
58 rue Jean Bleuzen, 92170 Vanves
Dépôt légal : avril 2024
ISBN : 978-2-501-18730-5
6301123

Une déclaration d'amour originale à remplir et à offrir

Maman, cet être inégalable ?

Il en existe un seul exemplaire sur terre. C'est la personne qui se range toujours de notre côté – peu importe que ce soit le bon ou le mauvais. Maman, c'est le premier amour de notre vie, celui qui compte le plus. Elle nous protège et nous réconforte, c'est notre meilleure critique et la présidente de notre fan-club.

Grâce à ou peut-être à cause de ça, les mots pour lui faire ces tendres aveux nous manquent souvent. Offrir un bouquet de fleurs pour la fête des Mères et bredouiller « Je t'aime » ne suffit pas – et seule une mère soutiendrait le contraire. Mais ça, c'est fini. En fait, nul ne mérite autant les louanges qu'elle, alors il est temps de brandir les pompons. Acclamons-la, la seule, l'unique, la meilleure de toutes et même encore mieux que ça : maman !

Toutes les mères et tous les enfants portent en eux la plus grande histoire d'amour au monde. À toi d'écrire la tienne ! Remplis ces pages et fais à ta mère la plus grande déclaration d'amour de tous les temps. Des milliers de raisons peuvent expliquer notre gratitude et notre amour, et ces derniers présentent des millions de facettes... alors pourquoi ne pas essayer d'en coucher quelques-unes sur le papier ?

Ce carnet adressera un immense

« merci »

à celle qui nous aimait avant même de nous voir : maman.

Ce carnet a été rempli par

pour

Les mères empruntent parfois
des chemins sur lesquels
les anges ne se risquent pas.

Auteur inconnu

Pour
la meilleure
des mamans

♥ *À la naissance*, je pesais ______________________ grammes.
Heureusement, j'ai fait de gros progrès depuis.

♥ Les choses que tu m'as racontées à propos de ma naissance et qui sont restées *gravées dans ma mémoire* :

♥ *La chanson* que tu me chantais souvent :

♥ Ce qui *te distingue* des autres mères :

- Tu es *la seule* qui ait le droit de m'appeler ______________________.

- Quand tu es avec ta *meilleure amie*, j'aime bien le fait que tu :

____

____

____

- *Tu es* :

- [ ] Une maman plutôt couci-couça
- [ ] Une maman très correcte
- [ ] La meilleure maman au monde

- Je t'ai entendue si *souvent dire* ces phrases que je les dis à mon tour :

- [ ] Tu as pris ton blouson ?
- [ ] Un dernier bisou et j'éteins.
- [ ] Peut-être bien, mais chez nous, c'est pas chez les autres.
- [ ] La petite bête qui monte, qui monte, qui monte...
- [ ] Je compte jusqu'à trois !
- [ ] Parce que c'est comme ça.
- [ ] Tu verras, quand tu auras des enfants.
- [ ] Je ne vais quand même pas t'acheter tout le magasin.
- [ ] Je ne veux pas savoir qui a commencé.
- [ ] ____.

♥ Si tu étais *une super-héroïne*, tu serais :

parce que

Tout ce qu'il y a de bon, de grand, de beau dans l'être humain trouve indubitablement son origine dans l'influence maternelle.

Georg Wilhelm Friedrich Hegel

♥ *Aux Oscars*, tous les gagnants remercient leur mère. Rien ne me permet d'affirmer avec une certitude absolue que je décrocherai un jour un Oscar, mais voici déjà, au cas où, mon *discours de remerciement* :

« Chers membres de l'auditoire, je dois ce prix à une personne très spéciale.

Il s'agit de

qui

Merci à elle ! »

Le cœur d'une mère représente le plus beau des endroits pour un fils ; son accès lui est acquis pour toujours, même une fois qu'il a des cheveux blancs. Et chaque homme n'a, dans l'univers tout entier, qu'un seul et unique cœur de ce genre.

Adalbert Stifter

- Je vois que tu es *quelqu'un de bien* au fait que :

- Je vois que tu es *une bonne mère* au fait que :

- J'aimerais que *tout le monde* ait une maman qui

exactement comme toi.

- *Seule maman* sait faire ça :

- Pour toi, *il devrait pleuvoir*...

- [ ] Des roses rouges
- [ ] Des chanteurs des Chœurs de l'Armée rouge
- [ ] Des betteraves rouges

- Cette couleur te va *particulièrement* bien :

____

J'ai donné du fil à retordre à ma mère,
mais je pense qu'elle aimait ça.

Mark Twain

- Tous les synonymes de « maman » qui me viennent *à l'esprit* pour toi :

____

____

____

- C'est à cette *mère célèbre* que tu ressembles le plus :

- [ ] Mère Teresa
- [ ] Christine Boutin
- [ ] Angelina Jolie
- [ ] Marge Simpson
- [ ] Cyndi Lauper
- [ ] ______________________________

Tu es aussi *jolie* que ____________________

Et aussi *forte* que ____________________

Aussi *courageuse* que ____________________

Et aussi *adorable* que ____________________

Et *le plus beau* : tu es ma maman.

Mère est le nom de Dieu sur les lèvres et dans le cœur des petits enfants.

William Makepeace Thackeray

♥ *Pour moi*, tu es...

- [ ] La meilleure maman au monde
- [ ] La deuxième meilleure maman au monde
- [ ] La troisième meilleure maman au monde

♥ Tu étais *tellement* belle le jour où :

____

____

____

♥ Ça me fait tout de suite *rire* quand tu ____________________

____

____

____

♥ Je *t'aime*...

☐ Depuis que j'ai ouvert les yeux

☐ Depuis trois semaines à peu près

☐ Depuis un an

Une mère comprend ce qu'un enfant ne dit pas.

♡

(Proverbe juif)

♥ Voici ma lettre de *recommandation* pour toi :

Mesdames, Messieurs,

J'ai l'honneur, par la présente, de vous *recommander* expressément et en toute objectivité Mme ______________________ pour le poste de ______________________ .

Je connais Mme ______________________
depuis ______________________ ans et elle a su faire la preuve de ses *excellentes* compétences dans le domaine ______________________ .

Je ne connais pas de meilleure ______________________ qu'elle.

Si vous êtes à la recherche de quelqu'un qui sache ______________________
et ______________________, elle est la *candidate idéale*. Cela a été pour moi un vrai plaisir de la ______________________ .

Bien cordialement,

____

♥ Je crois que tu *ferais un malheur* si tu travaillais comme :

♥ Je le pense *parce que* :

Le cœur de la mère est toujours auprès de ses enfants.
Les cœurs des enfants sont toujours auprès de leur mère.

(Von den Kalmyken)

♥ Un de *tes plats* que je préfère :

♥ Tout ce que tu es pour moi, *en plus* d'être ma maman :

-
-
-
-

♥ La *pierre précieuse* qui te correspond le mieux :

♥ L'odeur de maman… Une *délicieuse* composition qui mêle :

-
-
-
-

♥ Ça me fait tellement *plaisir* que ce soit TOI, ma mère, et pas :

♥ La *plus belle chose* que tu m'aies jamais dite :

♥ Quand j'avais *peur*, enfant, tu m'apaisais toujours en :

♥ J'appréciais beaucoup cette *activité* qu'on faisait à la maison :

♥ Un des tout *premiers souvenirs* que j'ai de toi :

♥ Je devais avoir ____________ ans, et *quand j'y repense*, je me sens :

♥ Quand je songe que tu avais ______________________ ans à l'époque, je trouve *admirable* que tu aies :

____

____

____

♥ Merci de *m'avoir enseigné* comment on :

____

____

♥ Sur les photos où je suis *bébé*, tu as l'air tellement ________________ .

♥ Un *souvenir d'été* :

____

____

♥ Un *souvenir d'hiver* :

____

____

♥ Quand *je parle de toi* à des amis, je te décris de cette façon :

____

____

♥ Ce que j'aime tant / j'aimais tant *quand on fête* / fêtait Noël :

Et une photo d'*un de ces moments* :

♥ Quelques *qualités* que j'ai héritées de toi :

-
-
-
-
-

♥ Et une chose que tu ne m'as malheureusement *absolument pas transmise* :

♥ Tu m'as donné *confiance* en moi en :

♥ J'ai *adopté cette habitude* que tu as :

♥ Dans cette situation, j'ai eu le sentiment que *tu me soutenais*, quoi qu'il puisse arriver :

♥ Ces vacances sont pour moi un *souvenir très marquant* :

En voici *une photo* :

C'était à ____________________ .

Je les ai trouvées *spéciales* parce que :

Il y avait aussi avec nous :

♥ Une *super-astuce* que tu m'as donnée :

♥ C'est là que je remarque *à quel point* tu m'aimes :

♥ Je sais que tu as du mal à *comprendre* ça dans ma vie :

Mais tu essaies *quand même*, alors merci !

♥ Si je pouvais *t'offrir un cadeau*, vraiment n'importe lequel, ce serait :

♥ Ce que *j'adore* faire avec toi :

Si tu étais *un animal*, tu serais probablement :

Et tu *ressemblerais* à ça :

Si je pouvais revivre *un jour de mon enfance* avec toi, ce serait celui où :

♥ Une chose que tu as *parfaitement réussie* dans mon éducation :

Merci !

♥ Merci de ne pas m'avoir *donné ce prénom*, finalement :

♥ Ce qui fait tout de suite comprendre à une personne extérieure que je suis *au téléphone avec toi* et avec personne d'autre :

♥ Tu te rappelles le jour où l'on ______________________________ ?

C'était *tellement drôle* que je souris chaque fois que j'y repense.

Je t'aime *énormément*, encore plus que :

♥ Si tous les autres étaient *comme toi*, le monde serait beaucoup plus :

♥ Les vêtements et la coiffure qui *te vont le mieux* :

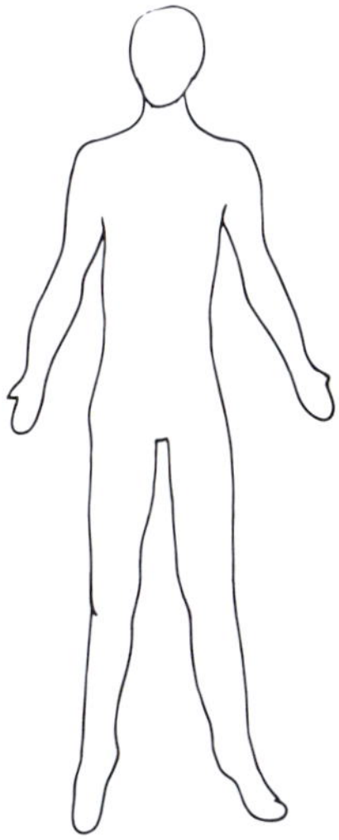

♥ Tu as *toute ma reconnaissance* pour avoir :

Merci !

♥ Ce moment était *drôlement agréable* :

♥ Je ne sais pas si je te l'ai dit à l'époque, mais ça m'a vraiment fait *de la peine pour toi* quand :

♥ Un des *traits de caractère* que je préfère chez toi :

♥ Il *se manifeste toujours* quand :

♥ Voici un moment avec toi où *l'émotion* a bien failli me déborder :

♥ Lorsque je *ferme les yeux* et que je pense à toi, je te vois en train de :

♥ Voilà comment *tu me chouchoutes* aujourd'hui :

♥ Tu savais *me faire plaisir* avec plein de petites choses et c'est encore le cas aujourd'hui. Quand j'étais enfant, voilà comment tu me gâtais :

♥ Je savais que j'allais avoir *des ennuis* quand tu m'appelais :

♥ Je me souviens encore de ce *savon monumental*...

♥ Un *sympathique* petit défaut que tu as :

♥ Si l'on échouait ensemble sur *une île déserte*, grâce à toi on pourrait :

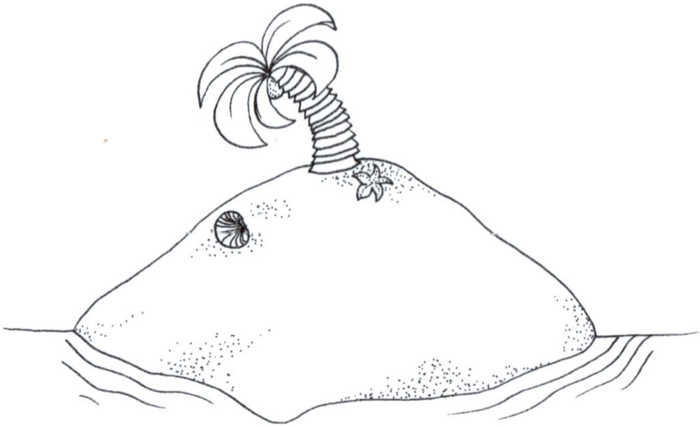

♥ Tu n'as jamais l'air aussi *heureuse* que quand tu :

♥ Si tu n'étais pas *intervenue* :

- ☐ J'aurais un tatouage / un piercing
- ☐ Je serais déjà maman / grand-mère aujourd'hui OU papa / grand-père
- ☐ Je passerais dans *L'amour est dans le pré*
- ☐ Je serais loin d'être aussi heureux(se) que je le suis aujourd'hui
- ☐ ______

♥ C'est chouette de *te faire rire*. J'y arrive toujours quand je :

♥ Cette journée est *particulière* pour nous :

♥ Notre *restaurant préféré* :

(Coller une carte de visite, une addition, une publicité, etc.)

♥ La chanson qui me fait *forcément* penser à toi :

♥ *Paroles* de cette chanson :

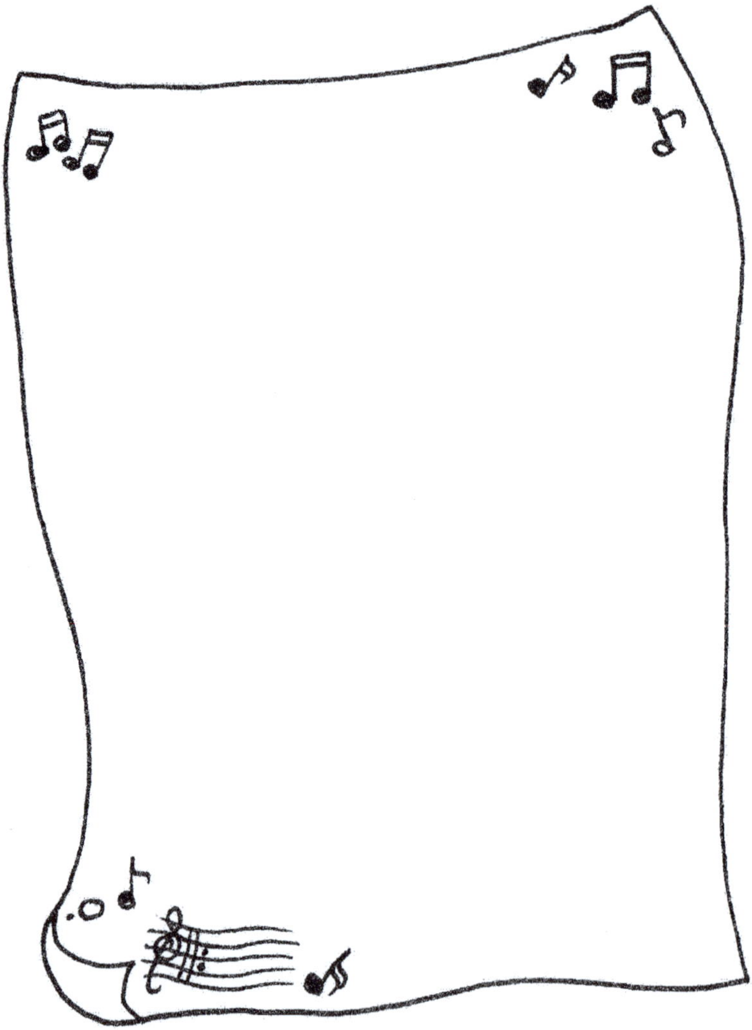

♥ Parce que c'est toi, *je chante avec toi* ta chanson préférée :

♥ Ce *jour de fête* a toujours été particulièrement agréable chez nous :

parce que

♥ Voici la plus *belle histoire* à ton propos que je connaisse :

♥ Une chose dont tu as essayé de *me préserver* quand j'étais enfant, et je t'en remercie :

♥ Quand je prends *cet objet* en main, je pense automatiquement à toi :

♥ Ce que j'essaie de *faire comme toi* :

♥ J'aime la *drôle de tête* que tu as quand :

♥ Quand tu m'emmenais *quelque part en voiture*, chaque fois tu :

❤ Je t'ai trouvée très *courageuse* lorsque tu :

❤ Si je ne pouvais plus te dire *qu'une seule phrase* dans cette vie, ce serait :

❤ C'est chouette que tu aies pu *être présente* à cet événement de ma vie :

❤ Voici la *photo de toi* que je préfère :

parce que :

♥ Et voici la *photo de nous* que je préfère :

parce que :

♥ Si je devais imaginer le *blason de notre famille*, il ressemblerait à ça :

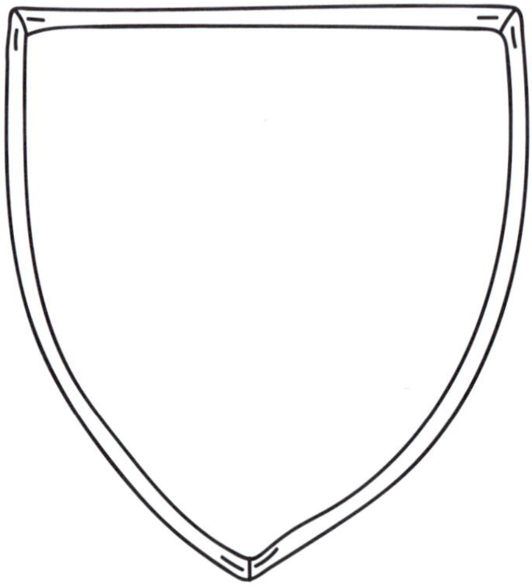

♥ C'est *impressionnant* la quantité de choses que tu sais au sujet de :

♥ Avec le temps, tu es devenue beaucoup plus
C'est chouette.

♥ Je ne t'ai encore *jamais dit* que

♥ *Je regrette* vraiment d'avoir

La chanson que j'adorais t'entendre *me chanter* quand j'étais enfant :

Les choses que *j'apprécie toujours* de faire avec toi :

-
-
-
-

Une expression que tu emploies souvent et que j'aime bien entendre :

Tu te souviens de mon ______________________ *anniversaire* ?
Je l'ai aimé tout particulièrement parce que :

Tu peux être *vraiment fière* de la chose suivante :

♥ Tu m'as *explíqué comment* fonctionnait ______

et je n'ai jamais oublié. Merci !

♥ Je ne te l'ai jamais demandé, mais *j'aimerais bien* savoir :

♥ Si je pouvais tout faire comme je l'imagine, *je te construirais* cette maison :

♥ Il faut *surtout* qu'elle ait ______

♥ *J'admire* la façon dont tu as réussi à :

____

____

____

____

____

____

♥ Voici la *proportion exacte* de mon cœur qui t'appartient :

♥ Tu te rappelles, quand tu me faisais *réciter ou réviser* pour l'école ?
En particulier pour ______________________________ (matière)
Je ne t'ai jamais remerciée à l'époque (au contraire). Alors je le fais aujourd'hui :
Merci !

♥ Merci de m'avoir *appris* à :

____

____

♥ Quand j'étais *malade*, tu

____

Merci !

♥ Un *souvenir d'Halloween* : je voulais me déguiser en ______________

____ et toi en :

♥ Tu as une super-qualité que *peu de gens* connaissent, c'est :

____

____

♥ Je te jure *solennellement* que je ______________________________
et que jamais je ne ______________________________

♥ Tu m'as *fait connaître* ______________________________

Merci !

♥ Tu as l'air *très marrante* sur cette photo :

♥ Si j'étais doué(e) en pâtisserie, voici ce qu'il y aurait *sur ton gâteau* :

♥ Dix mots qui me viennent à l'esprit pour décrire *mon enfance* à la maison :

- ____________________
- ____________________
- ____________________
- ____________________
- ____________________
- ____________________
- ____________________
- ____________________
- ____________________
- ____________________

♥ *À Noël* on mangeait / on mange toujours :

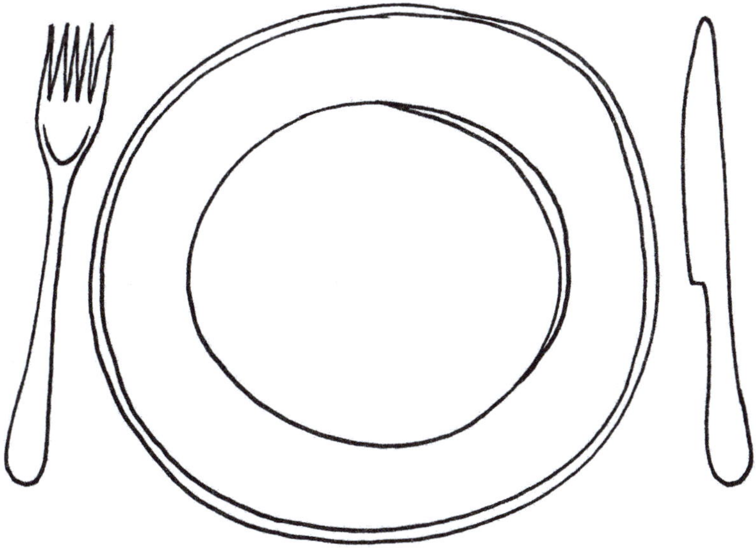

♥ Je te verrais bien jouer dans cette *série télé* ____________________

Et tu y serais ____________________

♥ Tu te rappelles, le jour où on était morts / mortes de rire ? C'était quand ____________________

____

____

♥ Une chose que tu as *fini par découvrir*, sans que je t'en aie parlé :

____

____

____

♥ Il n'y a *qu'avec toi* que je peux :

♥ Je me rappelle bien ce *petit rituel* au moment d'aller au lit :

♥ Tu m'as fait un jour cette *surprise géniale* :

♥ J'aime particulièrement ce *rituel de Noël* :

♥ Si tu devais *écrire un guide* éducatif, je parie que le titre serait :

♥ Voici un point de vue sur *les relations humaines* que tu m'as transmis :

♥ Là, c'était au cours d'une *fête familiale* :

♥ Il y a *sur cette photo* :

C'était *cette année-là* :

Et il y avait les *cadeaux* suivants :

♥ Un truc que tu sais faire mieux que *quiconque* sur cette planète :

♥ Si cette chose n'existait pas déjà, je parie que *tu l'inventerais* :

♥ J'adore quand tu es *fière de moi*. Il y a un moment en particulier où j'ai suscité ta fierté :

♥ Je t'ai trouvée *très impressionnante* la fois où :

♥ Je t'admire de *réussir* à :

♥ Une chose à propos de laquelle on ne peut rire *qu'aujourd'hui*, avec le recul :

♥ Si je devais dessiner *ta couronne* (amplement méritée), elle aurait cette allure-là :

♥ J'ai pris *exemple sur toi* dans ce domaine :

♥ Quand tu es *contente*, tu as l'air tellement :

♥ Ton *gros mot* préféré :

♥ Et ton juron préféré *quand tu conduis* :

♥ Pendant *ma puberté*, tu as :

Et *tu n'as pas* :

Merci !

♥ Je pense que *ton âme* ressemble à peu près à ça :

♥ Je crois qu'en réalité, *tu étais la jumelle* de ______________________________

______________________________ et on vous a séparées à la naissance !

♥ Tu te rappelles le jour où j'ai fait cette *grosse bêtise* ?

____

____

____

♥ *Pour autant*, tu n'as pas :

____

____

Merci !

♥ Il y a une chose que j'aimerais bien que l'on fasse *ensemble* :

♥ Ça me *préoccupe* parfois que tu :

♥ Voici *la plus belle chose* que tu pourrais dire à mon propos :

♥ Si tu étais *une émoticône*, ce serait celui-ci :

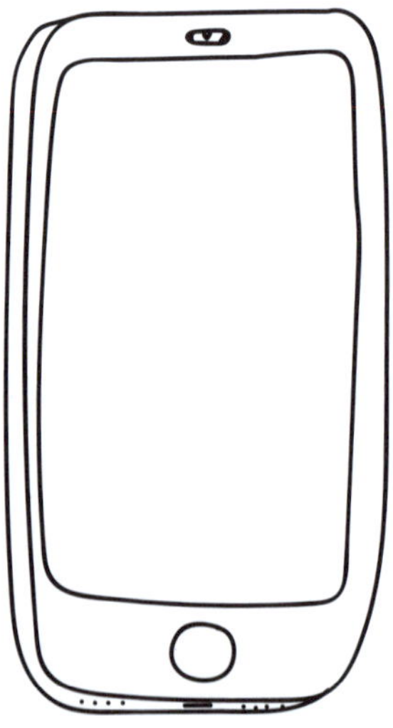

♥ Voici *des compliments* à ton propos qui ne me sont malheureusement pas venus à l'esprit, et que j'ai entendus dans la bouche d'autres personnes :

♥ Merci d'avoir rendu ça *possible* :

♥ Certaines personnes me font parfois de la peine, parce qu'il y a une chose qu'elles n'ont pas eue *dans leur enfance*, alors que moi si :

♥ Tu t'es aperçue *avant moi* que :

♥ Si j'étais capitaine, je *donnerais ton nom* à mon bateau :

Si notre *vie de famille* était un soap opera, ton rôle serait joué par : ____________

____

Et *le mien* par : ____________________________

(Notez ci-dessous les autres membres de la famille) :

____

____

____

____

♥ Merci *d'avoir cédé* quand je t'ai demandé de :

♥ Merci de *ne pas avoir cédé* quand je t'ai demandé de :

♥ Une chose que tu fais et qui me *remplit de fierté* :

♥ En tant qu'astrologue et astronaute renommé(e), je te dévoile ton *horoscope personnel* pour l'année prochaine :

♥ Merci d'avoir *joué avec moi* à ______________________________

______________________________ pendant des heures.

❤ *Le petit nom* que tu préfères me donner :

❤ Le petit nom que *je préfère* te donner :

❤ C'est seulement maintenant, après coup, que je réalise à quel point cette chose a dû être *dure pour toi* :

❤ L'histoire *la plus amusante* que je connaisse à ton sujet :

❤ Quand je suis *triste*, tu me consoles en :

❤ Le *plus beau cadeau* que tu m'aies offert, c'était :

1) Quand j'étais *enfant* :

2) À l'âge *adulte* :

♥ Voici l'une des *photos d'enfance* que je préfère :

♥ Je l'aime *beaucoup* parce que :

♥ Une chose que tu m'as apprise et que *j'aimerais apprendre* à mon enfant / mes enfants :

♥ C'était *un grand bonheur* pour moi que tu sois à mes côtés lorsque :

♥ Ce qui me plaît beaucoup, dans *tes rapports* avec les autres, c'est que tu :

♥ Tu te rappelles ce fameux *repas de famille* ?

♥ Je n'hésiterais pas une seconde à *voter pour t'élire* à ce poste politique :

Parce que :

♥ Tu aurais pu remplacer ce *personnage historique*, à l'aise :

Parce que :

♥ Le *meilleur conseil* que tu m'aies jamais donné, c'était de :

♥ Tu m'as *manqué* lorsque :

♥ Quelques mots *typiques* de toi :

-
-
-
-
-

♥ Une photo que j'associe à un *joli* souvenir :

♥ *Le souvenir* en question, c'est :

♥ Je sais que *tu n'apprécies pas* trop ça, chez toi :

Moi si.

♥ Aujourd'hui encore, je me réjouis que tu aies pu *me convaincre* de ne pas faire cette chose : ______

______

♥ Et *de faire* cette chose :

______

______

♥ Si tu ne m'avais pas *donné le jour*, j'aurais aimé être ta ou ton :

______

Parce que : ______

♥ Merci d'avoir *supporté la musique* que j'écoutais pendant ma puberté :

______

______

♥ Cette *critique* à mon égard m'a beaucoup fait avancer :

______

______

______ *Merci* !

♥ Celui de *tes gestes* que je préfère :

______

______

♥ J'aimerais *aller là-bas* avec toi :

♥ Je pense que cet endroit *te plairait*.

♥ Tu ne te prends pas la tête en matière de ______________________________

et *c'est formidable*.

♥ Parce que je t'aime vraiment, je ne *t'offrirai* jamais un(e) :

____

♥ Des choses que *mes amis* disent de toi :

- ______________________________
- ______________________________
- ______________________________
- ______________________________

♥ C'était *super gentil* de m'aider à ______________________________

Merci !

♥ Ça me fait *très plaisir* :

que tu ne ______________________________ jamais

que tu ______________________________ toujours

et que tu ______________________________ parfois

♥ J'aimerais pouvoir faire en sorte que ceci ne soit *jamais arrivé* :

____

____

____

♥ Chaque *lettre de ton prénom* correspond à un mot qui te représente (par exemple, « F » correspond à forte, « D » à dynamique, etc.). Voici ton prénom, lu à *la verticale* :

☐ correspond à ______

☐ correspond à ______

☐ correspond à ______

☐ correspond à ______

☐ correspond à ______

☐ correspond à ______

☐ correspond à ______

☐ correspond à ______

☐ correspond à ______

☐ correspond à ______

☐ correspond à ______

☐ correspond à ______

☐ correspond à ______

☐ correspond à ______

☐ correspond à ______

♥ C'est chouette qu'il y ait des choses que *nous aimons bien toi et moi*, par exemple :

- ______
- ______
- ______
- ______

♥ En revanche, *ni toi ni moi* on n'aime ces choses-là :

- ______________________________
- ______________________________
- ______________________________

♥ J'aime bien ta façon de *prononcer* le mot ______________________.

♥ J'espère que tu seras à mes côtés quand je vivrai ces *moments importants* de ma vie :

- ______________________________
- ______________________________
- ______________________________
- ______________________________

♥ Toi et moi, on trouve *ce livre* génial :

____

♥ Toi et moi, on trouve *ce film* génial :

____

____

La chose (ou la personne) qui nous fait *rire aux larmes* quand on est ensemble :

____

____

Le tableau *accroché chez toi* que je préfère :

Je me rappelle une *conversation téléphonique* spéciale, c'était quand :

Ton plus grand *talent*, c'est :

♥ J'apprécie particulièrement ce *petit rituel commun* :

♥ J'aime bien quand, à la fin d'un *coup de fil*, tu dis :

♥ Ça me plaît de *t'entendre raconter* cette histoire :

♥ *Je regrette* de ne pas t'avoir écoutée le jour où tu as dit :

♥ Je crois qu'on se comprend *super bien* parce que :

♥ Si un génie pouvait exaucer *trois de mes voeux*, je souhaiterais pour toi que :

1) ______

2) ______

3) ______

- *J'ai adopté* la façon spéciale dont tu :

- J'apprécie que tu aies *la gentillesse* de :

- Merci de *t'impliquer* pour que je :

- Merci de t'impliquer pour que je ... *moins* :

- J'aime bien faire ça ou *m'occuper* de ça pour toi :

- Le meilleur conseil que tu m'aies jamais donné concernant les *relations amoureuses* :

- Tu voudras bien *m'apprendre* un jour à :

?

♥ Tu savais avant moi que cette chose-là *finirait mal* :

♥ Je t'aime *jusque-là* :

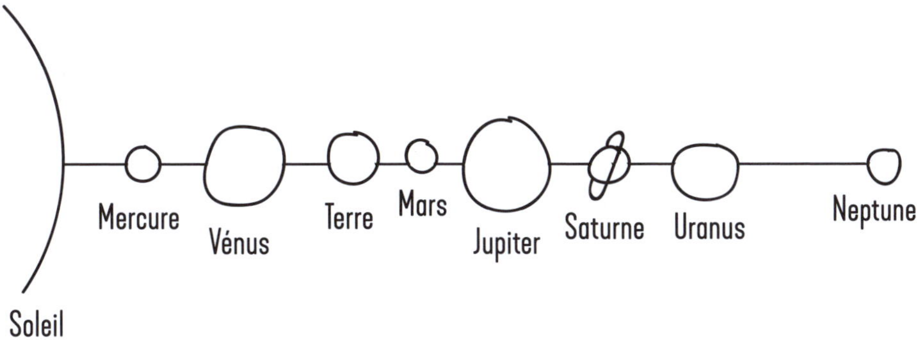

♥ Si je devais *te décrire* en un seul mot, ce serait :

♥ On a en commun ce *petit point faible* :

❤ Le plus beau *compliment* que tu m'aies jamais fait, c'était :

____

____

____

____

❤ Sans toi, ceci n'aurait *jamais marché* :

____

____

❤ J'aime la façon dont *tu t'engages* pour ______________________________

❤ Je sais que *tu voudrais* que je ______________________________ moins et que je ______________________________ plus.

Je vais *faire des efforts*, promis.

❤ On peut chanter ensemble *à tue-tête* cette chanson :

____

____

❤ Je garde un *souvenir tout particulier* de cette activité :

____

Parce que : ______________________________

♥ J'ai essayé de te représenter ci-dessous *dans toute ta splendeur*, alors ne ris pas :

♥ Je trouve que tu as particulièrement *bon goût* en matière de :

____

♥ Voici à quoi je remarque *à quel point* je compte pour toi :

____

____

♥ Il n'y a pas que moi qui te trouve *géniale*, tu peux ajouter ces personnes :

__________, __________, __________,

__________, __________, __________,

– mais moi encore plus que tout le monde !

Merci d'avoir toujours fait ça *pour Noël* :

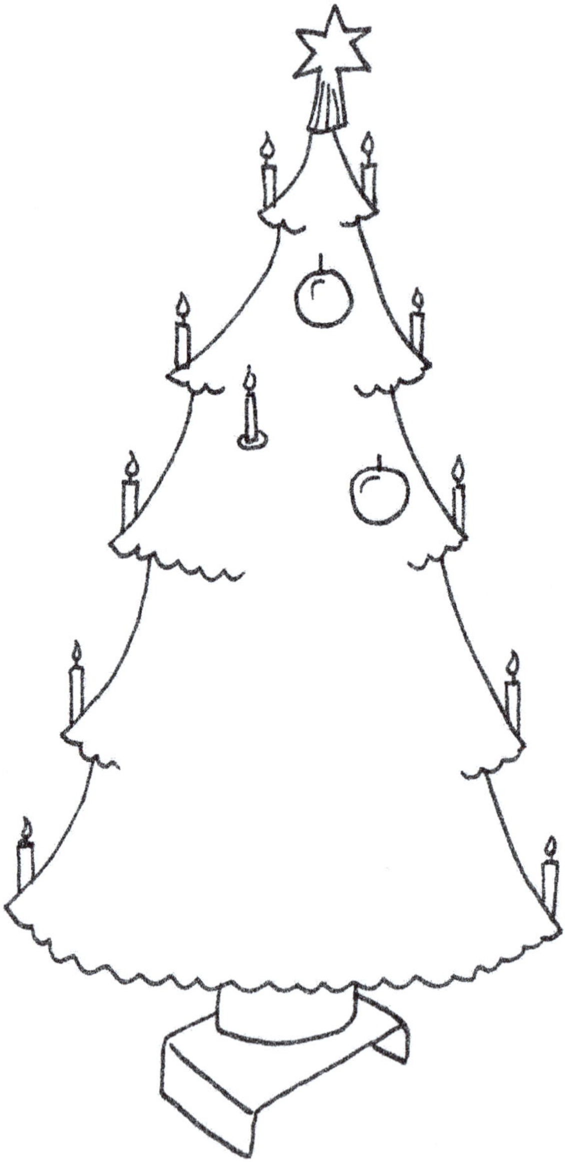

♥ À mon avis, la *meilleure décision* que tu aies prise a été de :

♥ Je trouve formidable que, *dans ta vie*, tu sois parvenue à :

♥ Pour toi, je concevrais *le panneau* suivant, que je ferais installer devant chez toi :

♥ J'aime bien *quand tu chantes* cette chanson :

♥ Ça me plaît de *te regarder* quand tu :

♥ Une *vague de tendresse* me submerge quand tu :

♥ Quelque chose *que tu ignores* à mon propos, et que je te raconte ici :

♥ Je ne te le dis pas tous les jours, mais je t'assure que j'apprécie *à sa juste valeur* le fait que tu

Merci !

♥ *Dans tes lettres* / textos / e-mails / messages WhatsApp, j'aime tout particulièrement ta façon de :

♥ Quand tu exprimes *ton enthousiasme*, je trouve très mignon que tu dises :

♥ Je prends plaisir à regarder ça *à la télé* avec toi :

♥ Si ta vie était *adaptée au cinéma*, ton rôle serait joué par :

♥ Il m'arrive aussi de *rire de toi*. Par exemple quand tu :

♥ Voilà pourquoi les autres te trouvent *si sympathique* :

♥ J'aimerais que tu puisses te voir un jour *à travers mes yeux*. Tu es beaucoup plus ______________________ que tu le penses.

♥ Je me réjouis de pouvoir *tout te dire*. Même si j'ai trouvé vraiment gênant de te raconter la chose suivante :

♥ J'espère *te ressembler* un peu à cet endroit-là :

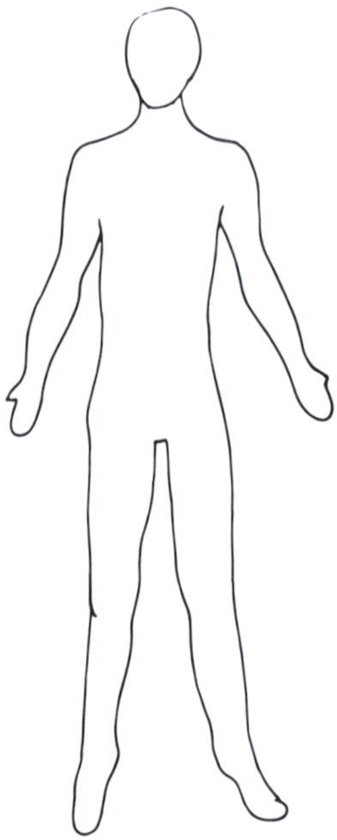

♥ Je trouve que *tu mérites* :

- [ ] Une glace à la fraise
- [ ] Un câlin
- [ ] Bien plus
- [ ] Tout le bonheur du monde et une glace à la fraise par-dessus

♥ Je regrette énormément de t'avoir *fait du mal* en :

❤ Cette photo prise sur le vif me fait *toujours sourire* :

❤ À l'école, quand j'ai eu *des problèmes* parce que ______________________

____

____

____

______________________________, tu m'as été d'un grand soutien. Merci !

♥ Notre première photo *ensemble* :

♥ *C'était* à ______________________________

Le ______________________________

♥ Et voici ce qui *me plaît* particulièrement dans ce portrait :

____

♥ *Sans toi* :

☐ Je ne serais pas celui ou celle que je suis aujourd'hui

☐ Je serais deux fois moins génial(e)

☐ Je ne serais même pas venu(e) au monde (soyons honnêtes)

♥ Voici une chose que *je comprends maintenant*, seulement :

____

____

____

♥ Pour *toutes les fois* où je ne t'ai pas remerciée, voici un gigantesque :

MERCI

♥ Ce que je pensais qu'il arriverait, enfant, une fois que tu aurais *compté jusqu'à trois* : ______

______

♥ Je n'aurais jamais pensé que *tu arriverais* réellement à

______ C'est cool !

♥ Je sais que ______ ne t'a jamais intéressée personnellement, alors je te remercie d'autant plus de m'avoir *apporté ton soutien* dans ce domaine !

♥ Il y a eu une époque où je n'étais *pas super agréable* à vivre. Merci d'avoir quand même continué à m'aimer ! C'était quand ______

______

♥ Si tu étais *une couleur*, tu serais :

Une odeur ______

Un mot ______

Un livre ______

Un film ______

Une plante ______

♥ Voici *la chose de mon enfance* qui me manque le plus, aujourd'hui :

______

______

♥ Voici un *point de vue sur la vie* dont tu m'as fait bénéficier :

♥ Et *sur le bonheur* :

♥ Je me rappelle très bien *nos visites* à / chez

J'appréciais en particulier le fait que :

♥ Quand tu veux faire *une critique* déguisée, tu agis de la manière suivante :

♥ L'objet que *j'associais* le plus à toi quand j'étais enfant :

♥ J'aime bien *te regarder manger* :

♥ Tu aurais pu formuler *l'adage* suivant :

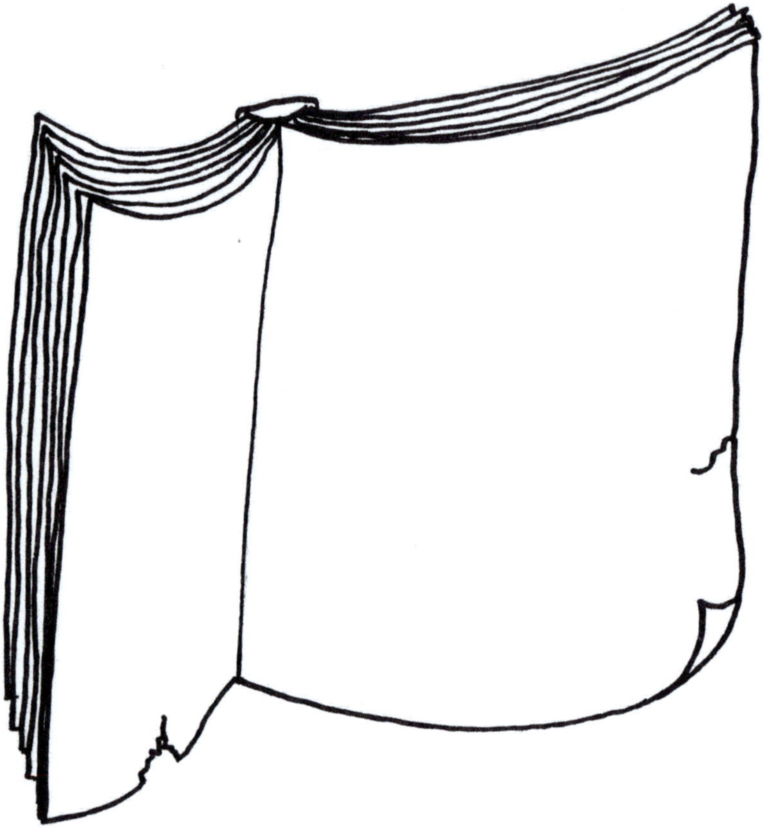

♥ Voilà ce qui faisait que *je me sentais bien* à la maison :

♥ Est-ce que tu sais que j'ai été *amoureux(se)* de :

____ ?

♥ Voici une *chose chouette* dite à ton propos par Mamie et / ou Papi :

____

____

♥ *Enfant*, tu étais sûrement très :

____

____

♥ Cette star ado ressemble un peu *physiquement* à celle que tu étais, au même âge :

____

____

♥ *Je nous verrais* bien :

- ☐ Faire une croisière
- ☐ Partir en voyage en camping-car
- ☐ Bronzer au bord de la piscine d'un hôtel 5 étoiles
- ☐ Nous frayer un chemin à la machette dans une forêt vierge

♥ Je t'aime *tellement* que je pourrais :

- ☐ Exploser
- ☐ Te jouer du jazz
- ☐ Te donner un gros bisou sonore
- ☐ Te gratter le dos

♥ Voici une chose que je ne peux faire que *parce que tu existes* :

____

____

♥ Je suis *ce conseil santé* que tu m'as donné :

____

____

♥ Mais *pas celui-ci* :

____

____

♥ Cette chose *dans mon appartement* me fait penser à toi :

____

____

- Tu dis que *tu ne sais pas faire* les choses suivantes :

- ________________________________ C'est vrai / Ce n'est pas vrai
- ________________________________ C'est vrai / Ce n'est pas vrai
- ________________________________ C'est vrai / Ce n'est pas vrai

- Je te *remercie* pour :

- ________________________________
- ________________________________
- ________________________________

- J'ai hérité de *cette manie* que tu as : ________________________________

________________________________ . Merci beaucoup, hein !

- Cet appareil / ce gadget a été *inventé spécialement* pour toi, je pense :

____

____

____

- Tu aurais pu / pourrais accomplir *des exploits* dans ce type de sport :

____

- En matière de ________________________________, tu pourrais même *donner des leçons* à ________________________________ !

♥ Voici ta *blague* préférée :

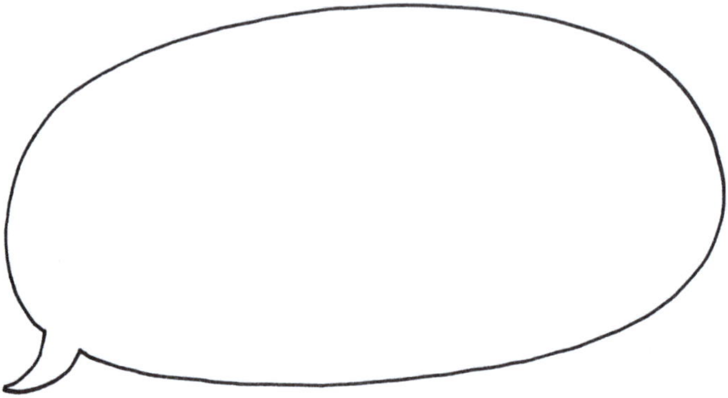

♥ *Je la trouve* :

☐ À hurler de rire

☐ Bof

☐ No comment !

♥ *Mon école*, tu te rappelles ? La fois où j'y ai ______________________,

____

tu as ____

♥ J'aime bien *quand tu racontes* comment, enfant, j'ai dit ou fait la chose suivante :

____

____

____

♥ Tu es drôlement bonne à *ce jeu* :

♥ Un moment où ton comportement m'a rendu fier / fière :

♥ *Je t'admire* d'avoir appris à :

♥ Tu sais que c'est moi qui ai fait *cette bêtise* ?

♥ Je pense que la chose suivante était *plus difficile*, quand tu étais jeune :

♥ Et celle-ci, *plus facile* :

♥ Tu aurais formé un *joli couple* avec cette star d'Hollywood :

♥ Avec toi à mes côtés, *je me sens* toujours :

♥ L'histoire *la plus incroyable* que tu m'aies fait gober, quand j'étais enfant :

♥ Voici un moment où *tu me manques* beaucoup :

♥ La chose à laquelle je remarque que *je te manque* :

♥ La dernière occasion à laquelle tu m'as *énormément* surpris(e) :

♥ Tu n'as peur de rien, tu as *réparé* ça pour moi :

♥ Je sais que tu pensais que *je n'arriverais jamais* à apprendre :

Tu avais raison ou tort.

♥ Si c'était *en mon pouvoir*, je te présenterais la personnalité suivante :

♥ Je me rappelle bien *ces vêtements* que tu portais quand j'étais enfant :

♥ La chose *la plus gentille* que tu aies jamais faite pour moi :

♥ Ce qui me plaisait dans *nos week-ends*, quand j'étais enfant :

♥ J'ai eu *terriblement* peur pour toi lorsque :

♥ Voici le montant de *la rançon* que je paierais pour toi :

♥ Merci d'avoir *pris ma défense* dans cette situation :

♥ Je sais que tu avais peur qu'il puisse *m'arriver quelque chose*. Alors merci d'avoir quand même permis que :

♥ Promis, *ça restera entre nous* :

♥ Je trouve que tu arrives *nettement mieux* qu'avant à :

♥ Je me rappelle avoir eu *des frissons* de bonheur lorsque :

♥ Tu m'as conforté(e) dans *la décision* suivante :

♥ Si ça te dit, je voudrais te montrer à quel point *c'est amusant* de :

♥ Ça n'a *rien d'extraordinaire*, mais j'aime bien faire la chose suivante avec toi :

♥ Si je devais te donner *un nouveau prénom*, ce serait :

♥ Tu m'as *énormément* surpris(e) en :

♥ Quand on a prévu de se voir, je *me réjouis* beaucoup à l'avance de :

♥ Si je devais rédiger *ta biographie*, je lui donnerais ce titre :

♥ *Je t'appelle* toujours quand :

♥ Une chose qui me manque à mort depuis que je ne suis plus / qui me manquera à mort quand je ne serai plus *à la maison* :

♥ *Sans toi*, tout est :

- [ ] 2 fois moins beau
- [ ] 4 fois moins beau
- [ ] 8 fois moins beau
- [ ] 16 fois moins beau

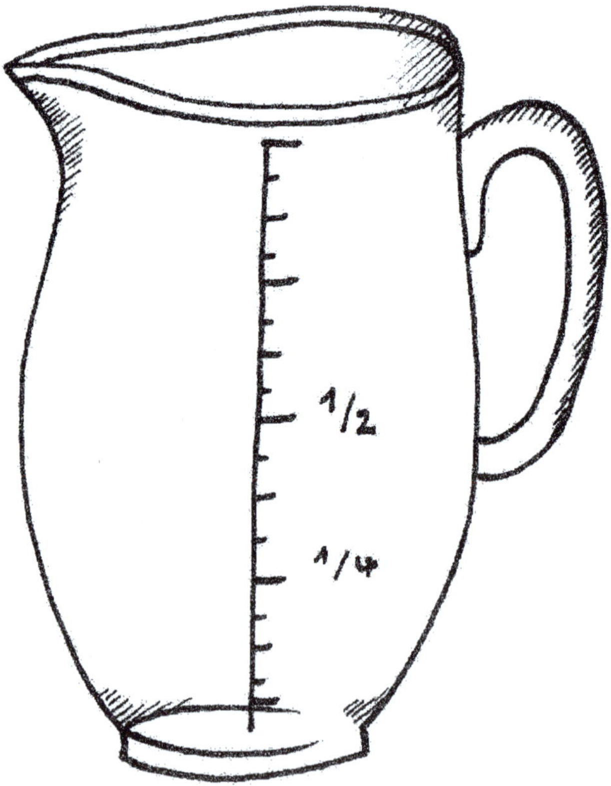

♥ Ce que j'apprécie quand je *fais les magasins* avec toi :

♥ Une chose que *je cachais* toujours, enfant, pour que tu ne la trouves pas dans ma chambre :

♥ Je t'offrirais bien cet *animal de compagnie* :

♥ Voici l'une de *tes qualités* que je trouve assez exceptionnelle :

♥ Tu es *la seule personne* sur qui je puisse compter quand :

♥ Je me rappelle avoir fait *ce dessin pour toi*, enfant :

♥ La dernière fois que *je l'ai vu*, il était :

♥ C'est à ce nom que j'ai enregistré *ton numéro* de téléphone dans mon portable :

♥ Voici *le paysage* qui te caractérise le mieux :

- [ ] La forêt
- [ ] La mer
- [ ] La montagne
- [ ] Le désert
- [ ] La forêt tropicale
- [ ] La steppe
- [ ] Un glacier
- [ ] ____________________

♥ *Parce que* : ____________________

____

♥ Tu as *bien mérité* que je t'offre ça !

Tout ce qui précède ne constitue *qu'une petite partie* de ce qui te définit ; de ce qui nous définit, toi et moi. *Notre histoire* commune renferme tant de choses que je serais bien incapable d'en dresser la liste exhaustive, alors, pour conclure, laisse-moi te dire ici *le principal* :